DE

L'INCAPACITÉ COMPLÈTE DE S'OBLIGER

STIPULÉE DANS UN

CONTRAT DE MARIAGE

REVUE DE JURISPRUDENCE

PAR

DANIEL DE FOLLEVILLE

Avocat à la Cour d'appel,
Professeur de Code civil à la Faculté de droit,
l'un des Vice-Présidents de l'Association internationale pour la réforme
et la codification du droit des gens.

PRIX : 0 fr. 50 c.

(ARTICLE EXTRAIT DE *LA FRANCE JUDICIAIRE*)

PARIS
A. DURAND et PEDONE-LAURIEL, Éditeurs,
LIBRAIRES DE LA COUR D'APPEL ET DE L'ORDRE DES AVOCATS
9, rue Cujas (ancienne rue des Grès)

1878

DE

L'INCAPACITÉ COMPLÈTE DE S'OBLIGER

STIPULÉE DANS UN

CONTRAT DE MARIAGE

AUTRES OUVRAGES DU MÊME AUTEUR

Des caractères distinctifs des associations commerciales en participation (1855). DURAND. Une brochure in-8°. — *Épuisée.*

Considérations générales sur l'acquisition ou la libération par l'effet du temps (1869). THORIN. 1 vol. grand in-8°. 3 »

De l'interdiction considérée comme cause de séparation de biens judiciaire (1870). COTILLON. Une brochure in-8°. 1 50

Étude sur le paiement avec subrogation ; ses caractères distinctifs (1871). THORIN. Une brochure in-8°. 1 »

Programme sommaire du cours de Code civil (*Deuxième examen*), *avec une Étude sur le partage d'ascendants* (1871). THORIN. 1 vol. in-8°. 8 »

Etude sur la jonction des possessions (*art. 2235 du Code civil*) (1871). MARESCQ aîné. Une brochure in-8° 2 50

De la revendication des titres au porteur en matière de faillite (1871). MARESCQ aîné. Une brochure in-8°. 1 »

De la publicité des contrats pécunaires de mariage, d'après la loi du 10 juillet 1850. MARESCQ aîné. Une brochure in-8° 2 »

La loi du 12 août 1870 et le cours forcé des billets de la Banque de France (1872). MARESCQ aîné. Une brochure in-8°. » 50

Sommaire du cours de Code civil (*Premier examen*). MARESCQ aîné. Une brochure in-8° — Seconde édition (1876). 2 50

Notion du droit et de l'Obligation (quatre premières leçons d'un cours triennal de Code civil), 1878 (troisième édition sous presse). 2 50

De la légitimation des enfants incestueux (simple note extraite du *Recueil spécial de Jurisprudence de la Cour de Douai*, t. XXXI, p. 109 (1873). THORIN. Une brochure in-8° » 50

De la délégation des fonctions de l'instruction aux juges suppléants (1873). THORIN. Une brochure in-8°. » 50

Comparaison des articles 434, 443 et 379, § 1er, du Code pénal (Compte rendu d'une réforme proposée par M. DE CAUDAVEINE, président de chambre à la Cour d'appel de Douai (1874). MARESCQ aîné. Une brochure in-8°. » 50

Essai sur la vente de la chose d'autrui (1874). MARESCQ aîné. 1 vol. in-8° 3 50

De la possession précaire (1874). MARESCQ aîné. Une brochure in-8°. 1 50

Traité de la possession des meubles et des titres au porteur. MARESCQ aîné. 1 fort vol. in-8°. — Seconde édition (1875). 12 »

Des clauses de remploi et de la société d'acquêts sous le régime dotal (Étude suivie du programme de six cours sur la communauté réduite aux acquêts (1875). MARESCQ aîné. Une brochure in-8°. 2 50

Du paiement du prix par l'acheteur en matière de vente (1875). MARESCQ aîné. Une brochure in-8°. 1 50

Introduction historique à l'étude du Code civil (1876). MARESCQ aîné. Une brochure in-8°. 1 50

De la promulgation et de l'application des lois et des décrets (art. 1 du Code civil combiné avec les récentes lois constitutionnelles) (1876). MARESCQ aîné. Une brochure in-8°. 1 »

De la naturalisation, en pays étranger, des femmes séparées de corps en France, et de l'incompétence des tribunaux en cette matière (1876). MARESCQ aîné. Une brochure in-8°. 2 »

Questions pratiques de naturalisation : — Situation juridique de la jeune princesse Nadèje Bibesco (1876). MARESCQ aîné. Une brochure in-8°. 1 »

De la propriété littéraire et artistique (1877). DURAND et PEDONE-LAURIEL. Une brochure in-8°. 1 »

De la naturalisation et des effets généraux des lois (conférences de droit international privé). MARESCQ aîné. (Sous presse).

Traité des assurances sur la vie, par M. Paul HERBAULT ; revu et publié après le décès de l'auteur, par M. Daniel DE FOLLEVILLE (1877). MARESCQ aîné. 1 vol. in-8°. 9 »

De l'effet déclaratif du partage (explication de l'art. 883 du Code civil) (1877). THORIN, éditeur. Une brochure in-8°. 1 50

Fontainebleau. — M. E. Bourges imp. breveté.

DE

L'INCAPACITÉ COMPLÈTE DE S'OBLIGER

STIPULÉE DANS UN

CONTRAT DE MARIAGE

REVUE DE JURISPRUDENCE

PAR

DANIEL DE FOLLEVILLE

Avocat à la Cour d'appel,
Professeur de Code civil à la Faculté de droit,
l'un des Vice-Présidents de l'Association internationale pour la réforme
et la codification du droit des gens.

PRIX : 0 fr. 50 c.

(ARTICLE EXTRAIT DE *LA FRANCE JUDICIAIRE*)

PARIS

A. DURAND et PEDONE-LAURIEL, Éditeurs,

LIBRAIRES DE LA COUR D'APPEL ET DE L'ORDRE DES AVOCATS

9, rue Cujas (ancienne rue des Grès)

1878

REVUE DE JURISPRUDENCE

Une femme, mariée sous le régime de la communauté légale ordinaire, ou encore, sous le régime de la communauté de biens réduite aux acquêts, peut-elle valablement stipuler une incapacité complète de s'obliger, même avec l'autorisation de son mari ou de la justice ?

1. — Cette question mérite, à l'heure actuelle, un examen d'autant plus sérieux, que la clause à laquelle elle se réfère tend davantage à se multiplier dans la pratique, et qu'à notre avis, la jurisprudence fait fausse route dans son appréciation.

2. — La validité de cette convention a été discutée, au mois de juillet 1877, à propos d'une affaire Denis-Pinart contre les hospices de Reims, dans une consultation délibérée par nous et à laquelle MM. Demolombe et Carel ont bien voulu donner une adhésion complète très-fortement motivée. Il s'agissait, dans cette espèce, d'une femme mariée sous le régime de la communauté légale ordinaire. Mais l'article 9 de son contrat de mariage contenait la limitation suivante : « Il est formellement stipulé que la future épouse ne pourra pas, même avec l'autorisation de son mari ou de la justice, s'obliger, pendant le mariage, vis-à-vis des tiers ; tous engagements devront être considérés comme nuls et de nul effet à son égard. »

La difficulté a été depuis, à la date du 6 décembre 1877, soumise à la cour d'appel de Paris, à propos d'une femme mariée sous le régime de la communauté de biens réduite aux acquêts, et dont le contrat de mariage contenait la restriction suivante : « Pour assurer la conservation de la dot de la future épouse, celle-ci ne pourra point, même avec le consentement de son mari ou de la justice, s'obliger envers les tiers ; ses engagements, à cet égard, seront considérés comme nuls et de nul effet. » (Comparez la *Gazette des Tribunaux* du vendredi 4 janvier 1878, pag. 9.)

3. — Nous devons, tout d'abord, faire ici deux observations générales, l'une de fait, l'autre de droit, à propos de cette question qui se présente à la fois en présence de l'adoption du régime de la communauté légale ordinaire, et en présence du régime de la communauté réduite aux acquêts. Cette question peut même se poser, en législation, sous tous les autres régimes.

Au point de vue du *fait*, il est certain qu'une semblable clause, emportant, pour une femme mariée, la défense absolue de s'obliger, aboutirait, prise à la lettre, à rendre impossible l'administration de sa fortune : car alors, la femme ne pourrait même pas louer librement ses immeubles, ni prendre des engagements chez les fournisseurs du ménage, ni enfin contracter aucune des obligations nécessaires à la marche de la vie ordinaire et domestique.

Au point de vue du *droit*, il est indifférent ici d'examiner quelle pourrait être la valeur d'une clause de contrat de mariage ayant pour objet de *frappar d'inaliénabilité* tous les biens d'une femme, d'ailleurs mariée sous le régime de la communauté légale ou sous le régime de la communauté réduite aux acquêts. Aujourd'hui l'opinion commune des auteurs tend à considérer cette stipulation comme licite, et la jurisprudence se forme de plus en plus dans ce sens[1].

Aucun de ces auteurs, du reste, ne se place au point de vue de l'interdiction de s'obliger : or, autre chose est la clause d'inaliénabilité, autre chose la défense absolue de s'obliger, qui frapperait une femme mariée sous le régime de la communaute légale ordinaire ou une femme mariée sous le régime de la communauté réduite aux acquêts, déclarées éventuellement incapables, par leur contrat de mariage, de contracter aucun engagement, même avec l'autorisation de leur mari ou de la justice. M. TROPLONG, seul, a prévu directement cette clause, dans son *Traité du contrat de mariage*, t. I, n° 78, et il la repousse absolument.

4. — Plaçons-nous donc désormais en face de cette défense complète de s'obliger, et examinons si elle doit être considérée comme valable, ou au contraire si elle ne doit pas être regardée comme radicalement nulle et en opposition avec l'ordre public.

5. — Un premier système consiste à soutenir la validité d'une semblable stipulation.

Les partisans de cette doctrine reconnaissent que la défense absolue de s'obliger rend fort difficile, sinon même à peu près impossible à la

1. Voyez MM. AUBRY et RAU, t. V. p. 268, § 504, texte et note 7; — Cass. 15 mars 1853 (Dev. 53, 1, 465), avec une note indiquant toutefois plusieurs arrêts contraires; — MM. RODIÈRE et PONT, *Traité du contrat de mariage*, t. I, n° 86, p. 69, avec une note indiquant que la jurisprudence se fixe de plus en plus dans le sens de la validité; — M. LAURENT, t, XXI, p. 11, n° 5, et n° 127, p. 153; — Cass. 24 août 1836 (DALLOZ, v° *Contrat de mariage*, n° 3158, 6°); — Comp. Cass. rejet, 29 juin 1847 (D. P. 47, 1, 295); Caen, 4 juillet 1842 (D. P. 45, 4, 164) et 11 février 1850 (D. P. 52, 2, 109); — M. DALLOZ, *Code civil annoté*, sur l'article 1527, n°s 1 à 22, de la liberté des conventions matrimoniales; — *Table décennale du recueil Sirey*, par M. RUBEN DE COUDER (1861 à 1877), v° *Contrat de mariage*, n° 13, avec les renvois à la table générale. — Voyez toutefois, dans le sens de la nullité de la clause d'inaliénabilité, M. MARCADÉ, sur l'article 1497, n° 3, t. V, p. 671, avec les autorités auxquelles il renvoie; — M. TROPLONG, *Traité du contrat de mariage*, t. I, n°s 79 à 86.

femme, l'administration de sa fortune, dans le sens le plus étroit du mot.

Mais, ajoutent-ils, « le code civil ne considère pas comme contraires à l'ordre public, les stipulations des contrats de mariage qui ont pour but, en restreignant la capacité de la femme, de la protéger contre son mari. Si le code eût consacré des restrictions de cette nature comme contraires à l'ordre public, il n'eût pas admis le régime dotal : car, par l'adoption de ce régime, la femme restreint sa capacité d'aliéner, de disposer et d'hypothéquer. — Comme le dit fort bien M. Duranton, t. XIV, n° 17, en matière de contrats de mariage plus qu'en tout autre contrat, la loi permet ce qu'elle ne prohibe pas. Or, il n'y a aucune disposition de la loi défendant à la femme et à ceux qui l'assistent de stipuler qu'elle ne pourra pas s'engager pour son mari. La doctrine et la jurisprudence sont d'accord pour reconnaître qu'en dehors du régime dotal, tel qu'il est organisé par le code, les époux peuvent, même en adoptant le régime de la communauté, stipuler l'inaliénabilité des propres de la femme. » C'est en ce sens que se prononce l'auteur anonyme d'un remarquable article publié dans la *Gazette des Tribunaux* du 11 mars 1876, page 247.

L'on pourrait également invoquer, à l'appui de cette doctrine, la tendance d'un arrêt, fort peu motivé du reste, de la cour d'appel de Paris, du 17 novembre 1875 (Sirey-Devilleneuve, année 1876. 2. 65 et 66). Cet arrêt dit, en effet : « Il peut être valablement stipulé dans un contrat de mariage établissant le régime de la *séparation de biens*, que la femme ne pourra pas *cautionner* les obligations contractées par son mari (cod. civ., art. 1387). En conséquence, si, contrairement à cette clause, la femme a cautionné son mari, l'obligation contractée par elle, comme caution, doit être annulée. »

Enfin nous devons aujourd'hui signaler, dans le même sens, la doctrine nette et précise de la cour d'appel de Paris, dans son arrêt du 6 décembre 1877, rapporté dans la *Gazette des Tribunaux* du vendredi 4 janvier 1878. Voici les termes de cet arrêt, très-fortement motivé, sur le point qui nous occupe :

Considérant que, d'après l'article 7 du contrat de mariage des époux Martin, reçu par Desforges, notaire à Paris, le 2 février 1865, il a été formellement stipulé, afin d'assurer la conservation d'une partie de la fortune de la future épouse, « que cette dernière ne pourrait pas, même avec l'autorisation de son mari ou de la justice, s'obliger envers les tiers, ses engagements, à cet égard, devant être considérés comme nuls et de nul effet ; » — Considérant qu'aux termes de l'article 1387 du code civil, les époux peuvent faire telles conventions matrimoniales qu'ils jugent à propos, pourvu qu'elles ne soient pas contraires aux bonnes mœurs, et sous les modifications énoncées aux articles 1388, 1389 et 1390 ; — Considérant que la clause précitée de l'article 7 du contrat de mariage des époux Martin n'a rien de contraire aux bonnes mœurs et ne rentre pas dans les prohibitions formulées par les articles 1388, 1389 et 1390 ; — Qu'elle place, il est vrai, la dame Martin dans une situation d'incapacité relative, mais qu'elle ne peut être considérée comme entachée de fraude ou comme étant de nature à surprendre la bonne foi des tiers, lesquels trouvent dans l'article 75 du code civil (loi du 10 juillet 1850) la faculté de vérifier les conventions matrimoniales de ceux avec qui ils ont à contracter ; — Considérant que, dans l'espèce, il est d'ailleurs constant que Pinguet et Deboisse ont connu le contrat de mariage des époux Martin ; — Considérant, d'autre part, que, s'il est de principe général que les incapacités des personnes ne peuvent résulter que de la loi, et non des contrats, ce principe reçoit cependant une exception, quand il s'agit de conventions matrimoniales établies dans l'intérêt de la conservation du patrimoine des femmes en vue des enfants à naître du mariage ; — Que la législation du code civil a consacré elle-même une incapacité contractuelle analogue en admettant le régime dotal, sous l'empire duquel une femme peut rendre dotaux tous ses biens, de quelque nature qu'ils soient, et se placer ainsi dans l'impossibilité d'aliéner, d'engager ou de dissiper sa fortune d'une manière quelconque, ce qui constitue l'état d'incapacité absolue ; — Considérant que la clause du contrat de mariage du 2 février 1865, étant donné le régime stipulé par les époux Martin, n'a point été au delà de ce qu'il eût été licite aux parties de s'interdire dans l'intérêt de la fortune de la femme, s'ils avaient préféré adopter nominativement le régime de la dotalité ; — Que ladite clause n'est donc, en rien, contraire à l'ordre public......

5 *bis*. M. l'avocat général Chevrier avait préparé cet arrêt de la cour par de savantes conclusions en sens conforme, dans lesquelles il nous paraît utile de relever surtout deux arguments, à l'aide desquels l'éminent organe du ministère public a cherché à réfuter les graves objections d'intérêt social que soulève sa doctrine :

« 1° Dans les rapports des époux entre eux, dit-il, les raisons d'ordre public, loin d'être contraires à la clause d'incapacité, réclament énergiquement en sa faveur. Un père veut sauvegarder la fortune de sa fille contre les entraînements d'un jeune homme qu'il agrée, qui mérite à tous égards son affection, son estime, mais dont la conduite antérieure, le caractère lui font craindre des habitudes de prodigalité, ou que sa profession expose aux chances hasardeuses du commerce ou de l'industrie ; il redoute néanmoins les embarras, les rigoureuses entraves du régime dotal : lui refusera-t-on, au nom d'un principe abstrait d'ordre public, ou plutôt un principe supérieur d'ordre public n'oblige-t-il pas à lui reconnaître le droit de stipuler la clause d'incapacité, et de protéger ainsi sa fille contre des promesses désastreuses, toujours facilement arrachées ? Grave considération, qu'il suffit d'indiquer, sans y insister davantage, devant des magistrats mêlés journellement à la pratique des affaires. Mais, dit-on, et voici l'objection capitale, indépendamment des rapports que les époux ont entre eux et avec les tiers, la clause litigieuse constitue, en elle-même et par elle-même, la violation d'un grand principe d'ordre public ; et ce principe, absolument incontestable, c'est que la capacité des personnes est réglée par la loi et ne peut jamais l'être par une convention. Qu'est-ce qu'une incapacité contractuelle ? On fait remarquer combien ce mot d'incapacité contractuelle sonne mal aux oreilles d'un jurisconsulte ; l'innovation serait inouïe. Il n'y a pas d'innovation, et le principe invoqué n'en demeurera pas moins juste et vrai : je veux dire qu'en règle générale, la loi seule a le pouvoir de faire des capables et des incapables, mais que dans un cas particulier elle permet aux parties de modifier, par convention, leur capacité ; et ce cas est précisément celui où nous sommes. Dans les contrats de mariage, la capacité des deux époux varie suivant le régime qu'ils adoptent ; en d'autres termes, par l'effet de leurs conventions matrimoniales, ils étendent ou restreignent leur capacité ; ils peuvent se créer à eux-mêmes une véritable incapacité contractuelle. Assurément cette faculté ne va pas jusqu'à se confondre avec une liberté complète ; elle doit être raisonnablement circonscrite ; et nous n'avons pas besoin de dire ici qu'elle ne saurait dépasser l'administration et la disposition des biens. Même dans ces limites elle n'est pas absolue ; on a jugé avec raison, par exemple, que les futurs conjoints ne peuvent pas stipuler, dans leur contrat de mariage, qu'ils seront incapables de se faire des donations ; mais la clause qui vous est spécialement soumise est toute différente ;

2° « Qu'a donc fait, ajoute l'éminent avocat général, la future épouse, en s'interdisant le droit de s'obliger envers les tiers pour son mari ? Elle s'est constituée incapable d'engager ses propres, meubles et immeubles, présents et à venir, en cautionnant son mari ; elle s'est constituée incapable de disposer de ses propres avec l'autorisation de son mari ou de la justice. Or, est-ce là une incapacité que la loi prohibe ? N'est-elle pas, au contraire, formellement permise par la loi ? Lisez l'article 1542 du code civil : La constitution de dot peut frapper tous les biens de la femme, présents et à venir, sans distinction, ni réserve. Le fond dotal est indisponible ; mais cette indisponibilité, disent de savants jurisconsultes, n'est pas une qualité accidentelle et transitoire du fonds dotal lui-même, cessant avec le mariage ; elle survit au mariage, quant à l'effet des actes accomplis pendant sa durée ; elle consiste essentiellement dans une incapacité inhérente à la personne. M. Gide a établi solidement cette théorie dans son élégant *Traité de la condition privée des femmes* (p. 505-513) ; il en a déduit les conséquences, dont la jurisprudence lui a fourni de décisifs et nombreux exemples. Ainsi, nous regardons la clause litigieuse comme l'introduction d'une stipulation analogue à celle de l'article 1542, dans le régime de la communauté réduite aux acquêts. Réunir les avantages de ce régime à ceux du régime dotal, tel est le but évident de cette clause. »

6. — Malgré ces imposantes autorités, nous persistons à penser que cette doctrine repose sur une véritable erreur de droit : elle constitue, en tous cas, une innovation manifeste et inadmissible. Nous nous proposons donc de soutenir qu'une femme mariée sous quelque régime que ce soit, et, notamment sous le régime de la communauté légale ordinaire, ou encore sous le régime de la communauté réduite aux acquêts, ne peut pas valablement stipuler dans son contrat de mariage (sous prétexte de se protéger à outrance contre les éventualités de l'avenir), une clause de ce genre. Une femme mariée ne peut pas valablement se rendre incapable de contracter aucune espèce d'actes ou d'engagements vis à vis des tiers, même avec l'autorisation de son mari ou avec l'autorisation de la justice[1].

1. Voyez, en ce sens. M. Troplong, *Traité du contrat de mariage*, t. I, nos 73 et sur-

Cette théorie nous paraît pouvoir être appuyée d'une manière inébranlable sur les neuf considérations principales que voici :

1° Qui ne voit, tout d'abord, combien cette aliénation que la femme fait, par anticipation, de toute initiative et de toute liberté de contracter, dans la vie conjugale, est blessante pour le mari, à raison des craintes injurieuses qu'elle révèle? Qui ne voit quelles entraves peuvent en résulter pour le crédit des époux? Cette clause est une source perpétuelle de discussions et de procès. Elle aboutit, en définitive, à placer une personne, contrairement aux principes généraux du droit, et au grand dommage du ménage, dans les liens d'une interdiction définitive. Si ces sortes de conventions venaient à se généraliser, l'on arriverait à avoir la moitié des habitants de la France frappés d'une déchéance civile fort grave, en même temps qu'une masse énorme de biens serait atteinte de la plus déplorable indisponibilité. Dès lors, pour admettre des résultats aussi contraires à l'essence du mariage et à l'intérêt général du pays, il faudrait avoir des principes bien nets et des textes bien formels : or nous allons montrer que les principes et les textes repoussent manifestement cette induction.

2° Les lois qui régissent l'état et la capacité des personnes sont, en effet, de l'aveu de tout le monde, des lois d'ordre public. Or, on ne peut en aucune façon déroger, par des conventions privées, même dans un contrat de mariage, à de semblables lois (art. 6, 1131 et 1133 du code civil) : « Sans doute, dit fort judicieusement M. LAURENT (*Principes de droit civil français*, t. I, n° 52, p. 87), c'est dans l'intérêt des individus que le législateur fixe leur état, et qu'il les déclare capables ou incapables. Mais pour faire ce classement de personnes, il prend en considération l'intérêt de tous, l'intérêt de la société. Quand il s'agit de fixer l'étendue de la puissance paternelle, est-ce l'intérêt de tel père ou de tel enfant que le législateur considère? Non, certes; c'est d'après les mœurs, d'après l'état social, d'après les sentiments généraux de la nation, qu'il confère la puissance paternelle et qu'il en fixe les caractères et les limites. Dès lors, l'individu ne peut pas opposer ses convenances au vœu de la loi, et s'il essayait de le faire, ses actes seraient nuls. « Ajoutez encore M. LAURENT (*Principes de droit civil français*, t. XXI, n°s 123 à 129, p. 146 à 158). La capacité des personnes n'est donc pas dans le domaine des conventions privées; les femmes mariées ne sont, aux termes de l'article 1124 *in fine*, incapables « que dans les cas exprimés par la loi. » Ces sortes de questions touchent à l'ordre public, et une femme ne peut pas, dans son contrat de mariage, se rendre entièrement incapable de faire toute espèce d'actes, même de simple administration.

3° L'article 1388 vient, au titre du contrat de mariage, confirmer cette solution. Cet article 1388 déclare, en effet, que « les époux ne peuvent pas déroger aux droits résultant de la puissance maritale..... » Or, la faculté pour la femme, de contracter et de s'engager, avec l'autorisation du mari

tout 78; — M. LYON-CAEN, note publiée dans le Sirey, à propos de l'arrêt de la cour d'appel de Paris du 17 novembre 1875 (SIREY, 1876, 2, 65 et 66); — M. VALETTE, journal *le Droit*, du jeudi 9 mars 1876, p. 231, et du dimanche 9 avril 1876, p. 339.

ou avec l'autorisation de la justice, est un attribut essentiel de la puissance maritale. Donc la femme ne peut pas convenir, en se mariant, qu'elle sera incapable de contracter, soit avec l'autorisation du mari, soit avec l'autorisation de la justice, dans le cas de refus arbitraire, de minorité ou d'interdiction du mari (art. 217, 219, 221, 222 et 224). M. Valette (journal *Le Droit* du 9 mars 1876, p. 231), dit fort bien : « Nul n'est maître de disposer, à sa volonté, de son état, et de se rendre, pour l'avenir, capable ou incapable de s'obliger. »

4° La prospérité, d'ailleurs, du ménage exige qu'il en soit ainsi. L'interdiction absolue de s'obliger entrave de la manière la plus funeste et rend même impossible l'administration normale de la fortune des époux. Quelle est donc cette situation d'époux qui ne pourront, grâce à la rigueur de leur contrat de mariage, ni consentir un bail de leurs propres immeubles, ni prendre eux-mêmes à loyer le bien d'autrui, ni contracter aucun engagement vis-à-vis des fournisseurs du ménage? Ne voit-on pas que ce serait là le comble de l'absurdité?

5° En vain voudrait-on objecter ici le principe de la liberté des conventions matrimoniales (art. 1387). Car cette liberté est arrêtée par les règles d'ordre public et de nécessité sociale. Est-ce que le mari lui-même pourrait, par contrat de mariage, restreindre sa capacité, par exemple s'interdire de faire des donations à sa femme ? Non, certainement; et cela a été plusieurs fois décidé par les tribunaux, notamment par la cour d'Amiens, à la date du 1er juillet 1807, et par la cour de Cassation, à la date du 31 juillet 1809. Comparez M. Valette, dans le journal *Le Droit* du 9 avril 1876, n° 85, p. 339, col. 1.

6° C'est également à tort que le savant auteur anonyme de l'article publié dans la *Gazette des Tribunaux* du 11 mars 1876, p. 247, invoque ici l'extension des principes du régime dotal : « En dehors du régime dotal, dit-il, tel qu'il est réglementé par le code, les époux peuvent, même en adoptant le régime de la communauté, stipuler l'*inaliénabilité* des propres de la femme. » Cet auteur ajoute l'observation que l'on peut combiner ensemble les différents régimes (art. 1387 et 1528).

Cette objection est facile à réfuter, et elle comporte plusieurs réponses :

D'abord, il ne faut pas oublier que le régime dotal n'a été introduit qu'après coup dans le code civil, sur les vives instances des représentants des pays de droit écrit. Ce régime est un régime d'exception, qui doit être formellement stipulé, aux termes de l'article 1392. Quelle est d'ailleurs la portée de l'incapacité de la femme dotale ? M. Lyon-Caen (Sirey, 1876. 2. 65) répond fort judicieusement : « L'on ne saurait dire que l'incapacité de la femme dotale soit une incapacité ordinaire, ayant pour sanction la nullité des obligations contractées par elle. Il est bien certain que l'incapacité de la femme dotale n'a pas cette sanction. Cette incapacité n'est que *relative;* c'est en quelque sorte une *incapacité réelle*, en ce sens que la femme dotale n'en est frappée que quant à ses biens dotaux. Les obligations qu'elle contracte durant son mariage ne peuvent pas être exécutées sur ses immeubles dotaux, ni pendant la durée du mariage, ni même après sa dissolution; mais ces obligations sont, en elles-mêmes, parfaitement valables, si bien que les créanciers peuvent en poursuivre le paiement sur les biens paraphernaux et sur tous les biens que la femme dotale, leur débitrice, n'acquiert qu'après la dissolution du mariage, se fût-elle, même, constituée en dot tous ses biens présents et à venir. Si le régime dotal, stipulé seul dans toute sa pureté, ne frappe pas la femme d'une incapacité véritable, sanctionnée par la nullité des obligations qu'elle contracte durant le mariage, la combinaison de l'inaliénabilité dotale avec un autre régime ne saurait avoir cet effet. L'argument tiré de la faculté de combiner l'inaliénabilité dotale avec tous les régimes matrimoniaux, n'a donc aucune portée[1]. »

D'autre part, autre chose est le principe de l'inaliénabilité, susceptible ou non d'être étendu du régime dotal aux autres régimes, autre chose est la clause exorbitante d'interdiction de s'obliger, insérée dans un contrat de mariage. Nous ne saurions trop insister sur ce point, qu'il s'agit, dans ce dernier cas, d'une convention insolite, jetant les époux dans une véritable impasse au point de vue pratique. Il est évident qu'un tel contrat de mariage ne peut pas être pris au pied de la lettre. Les époux ne peuvent pas avoir été ainsi placés dans l'impossibilité de s'engager, d'une manière utile, vis-à-vis des tiers, soit sur les biens de la communauté, soit sur les biens propres. S'il devait être entendu d'une manière plus étroite, un semblable contrat de mariage serait manifestement contraire à l'ordre public : par suite, il faudrait le déclarer nul et de nul effet.

7° Un pareil contrat de mariage ne peut pas être regardé comme entièrement exécutoire encore à un autre point de vue. Si, en effet, il devait être considéré comme valable, la femme ne pourrait, en aucun cas, demander en justice sa séparation, faute d'être apte à reprendre la libre administration de sa fortune. Or, le droit de demander la séparation de biens (art. 1443 et suivants) est, pour toute femme mariée, d'ordre public (art. 6, 1131, 1172); de plus, en fait, il est manifeste que la femme pourrait avoir, dans certains cas éventuels, le plus grand intérêt à provoquer cette séparation de biens, à l'effet de ressaisir l'administration de sa fortune et d'obtenir la libre disposition de ses revenus, en faisant cesser une gestion inhabile et ruineuse du mari.

8° N'oublions pas d'ailleurs qu'il n'est permis à personne de se placer dans les liens d'une interdiction ou d'une minorité perpétuelle, en se dégradant, en quelque sorte, au point de vue civil. Le régime dotal est la limite extrême des restrictions permises dans un contrat de mariage : alors, sans doute, les immeubles dotaux sont frappés d'inaliénabilité, d'imprescriptibilité et d'insaisissabilité; mais la femme, même sous ce régime, conserve du moins la pleine capacité de *s'obliger*, en tant qu'elle n'aliène, ni directement, ni indirectement, ses biens dotaux : les questions de dotalité ne sou-

1. Comp. M. Valette, dans le journal *le Droit* du 9 avril 1876, col. 1, n° 2.

lèvent pas des questions *d'obligation*, mais simplement des questions *d'exécution*.

Voilà précisément pourquoi il nous est impossible de considérer la clause litigieuse que nous repoussons, comme l'introduction dans un contrat de mariage d'une stipulation analogue à celle de l'article 1542. L'appréciation fort ingénieuse, sur ce point, de M. l'avocat général Chevrier, ne saurait être admise; en effet, il y a entre les deux clauses une différence manifeste : la femme dotale qui se soumet au régime de l'article 1542 dans toute son étendue, et qui se constitue en dot tous ses biens présents et à venir, sans distinctions ni réserves, imprime sans doute à son patrimoine le sceau de *l'indisponibilité;* mais elle n'altère pas sa *capacité* personnelle; et si, plus tard, au cours du mariage, une donation lui est faite sous la condition expresse que le bien, objet de la libéralité, sera paraphernal, l'exécution des obligations contractées par la femme pourra être poursuivie sur ce bien. Toute autre est la situation, lorsque la femme, se dégradant elle-même au point de vue civil, stipule une *incapacité complète de s'obliger*. C'est ici peut-être le cas, après avoir montré que l'analogie affirmée par M. l'avocat général Chevrier n'existe à aucun point de vue, de rappeler le vieil adage : *Qui peut une chose n'en peut pas toujours une autre.*

9° Enfin, il n'est permis non plus à personne de placer son patrimoine *absolument hors du commerce* par une condition d'irrémédiable *insaisissabilité :* ainsi l'exigent à la fois l'intérêt du crédit et l'intérêt du propriétaire lui-même, qui finirait par détruire la valeur de ses biens, en s'interdisant d'en user.

Dès lors, à notre humble avis, il ne doit pas être permis à la femme, dont l'incapacité n'a d'autre cause que le respect dû à l'autorité maritale, de se soustraire entièrement, à l'aide d'une interdiction absolue et insurmontable de s'obliger, aux conséquences des actes civils passés avec l'autorisation de son mari ou de la justice; et nous pensons, en revendiquant hautement, sur ce point, la grave autorité de MM. Troplong, Demolombe, Carel, Valette et Lyon-Caen, que la cour de Paris, dans les deux arrêts ci-dessus rappelés du 17 novembre 1875 et du 6 décembre 1877, n'a pas juridiquement apprécié la clause dont il s'agit.

L'interprétation donnée par cette cour, quelque fortement motivée qu'elle puisse être, aboutit en réalité à une violation manifeste et pratiquement déplorable des règles d'ordre public qui dominent à la fois la capacité des personnes, la disponibilité des biens et l'autorité maritale. La cour de Cassation n'hésitera pas, nous l'espérons du moins, à repousser cette doctrine, si la question lui est soumise.

7. — Nous recevons, au dernier moment, après la publication de cet article, le texte de la décision rendue par le tribunal civil de Reims à la date du 14 mars 1878, dans l'affaire Denis-Pinart, contre les hospices de

Reims [1]. Voici les termes de ce jugement, lequel, contrairement à notre consultation, se rallie à la jurisprudence, pourtant si contestable, de la cour d'appel de Paris :

Le Tribunal :

Attendu que, suivant procès-verbal dressé par Me Gillet, notaire à Gomont, le 21 novembre 1875, enregistré, les époux Denis se sont rendus adjudicataires pour dix-huit années commençant au 23 avril 1878, et moyennant la somme annuelle de sept mille cent cinquante francs, plus trois cents hectolitres de froment, du droit au bail de la ferme dite la Cense-Lacour, sise terroir de Gomont et appartenant aux hospices de Reims, lesquels demandent que le bail dont il s'agit soit résolu ;

Attendu que les hospices déclarent ne pas persister dans plusieurs des griefs d'abord articulés par eux contre les adjudicataires, ces derniers ayant justifié : 1° du paiement des frais ; 2° d'une garantie hypothécaire consentie, conformément aux prescriptions du contrat, par le sieur Linard, reconnu solvable ; 3° de l'engagement, par ce dernier, de leur fournir les moyens de garnir les lieux, avant l'entrée en jouissance d'un matériel suffisant pour en assurer l'exploitation ;

Attendu néanmoins que les demandeurs soutiennent que le contrat du 21 novembre 1875 leur a été surpris et doit être rapporté :

1° Parce que, à ladite époque, Denis était déjà dans un état de déconfiture qui ne lui permettait plus d'offrir aux hospices, pour la bonne administration des importantes propriétés confiées à ses soins, les sécurités commandées par la largeur même du bail; 2° Parce que, à la date de la rédaction de l'acte, la dame Denis se trouvait déjà dans l'impossibilité de remplir l'engagement qu'elle s'y imposait de s'obliger solidairement avec son mari, à l'entière exécution du bail et de subroger, ainsi qu'il sera dit ci-après, les hospices dans les effets de son hypothèque légale, son contrat de mariage reçu par Me Proyart, notaire à Douai, le 3 mai 1871, lui interdisant de s'engager aucunement vis-à-vis des tiers pendant la durée de son union et tous engagements de ce genre y étant déclarés nuls et de nul effet ;

Qu'il y a lieu, par le tribunal, d'examiner le bien ou mal fondé de ces griefs ;

Sur le premier moyen :

Attendu que, sans qu'il soit besoin de rechercher quel aurait été sur le droit au bail dont il s'agit, l'effet d'un état avéré de déconfiture du preneur antérieurement au bail, il suffit de constater qu'à la date du 21 novembre 1875, Denis n'était pas dans un tel état et ne s'y trouve point non plus actuellement, ses créanciers réunis par lui le 27 juin 1877, lui ayant concédé un délai qui le met à l'abri de toutes poursuites jusqu'en 1883;

Qu'ainsi les hospices, après avoir, sur des renseignements peut-être légèrement recueillis, accepté la soumission de Denis, ne sauraient, du chef dont il s'agit, obtenir la rescision du contrat ;

En ce qui touche le deuxième moyen invoqué par les demandeurs :

Attendu que, pour soutenir qu'ils seraient en mesure d'exécuter la clause principale de leur bail consistant dans l'obligation, pour la femme, de s'obliger solidairement avec son mari à son exécution et de subroger jusqu'à concurrence de deux années de redevances, les hospices dans l'effet de son hypothèque légale,

1. Voyez *suprà*, n° 2, p. 5.

les époux Denis sont conduits à prétendre que la clause neuvième de leur propre contrat de mariage portant interdiction pour l'épouse de s'engager vis-à-vis des tiers, même avec autorisation de son mari ou de la justice, devrait être réputée non avenue comme lui ayant créé en dehors des seuls régimes autorisés par la loi des conditions matrimoniales contraires à l'ordre public;

Mais, *attendu qu'aux termes de l'article 1387 du code civil, les conjoints peuvent régler leur association ainsi qu'ils le jugent à propos, sous la seule condition que leurs conventions ne soient pas contraires aux bonnes mœurs et sous les restrictions énoncées aux articles 1388, 1389 et 1390 ;*

Attendu que la clause sus-relatée n'est en rien contraire aux bonnes mœurs; qu'on ne saurait davantage admettre qu'il fût contraire à l'ordre public, interdit à la femme de protéger son avenir et celui des siens par un contrat tel que celui adopté par les époux Denis, dont la loi du 10 juillet 1850 autorisait d'ailleurs les hospices à prendre communication avant de s'engager et stipulant, non d'une manière absolue ni illimitée, mais sous certaines exceptions spécifiées en l'acte, l'incapacité pour la femme de s'obliger pendant la durée de son mariage, tant sur les biens qu'elle possédait au jour de la célébration, que sur ceux qui pourraient lui advenir avant la dissolution de son union;

Attendu qu'à la vérité, les époux Denis soutiennent que la clause de leur contrat dont il s'agit, qu'elle soit nulle ou valable, aurait été à tort introduite aux débats auxquels elle eût dû rester étrangère comme ne s'appliquant point au bail consenti par les hospices puisque la subrogation dans l'hypothèque légale de la femme et les garanties hypothécaires n'étaient exigées par le bail que jusqu'à concurrence de deux années de redevances et que lesdites sûretés hypothécaires avaient été fournies non par Denis, mais bien par Linard; qu'ainsi les hospices n'avaient plus à se préoccuper des effets qu'eût pu produire sur leurs stipulations avec les preneurs, le mode de contrat de mariage adopté par ces derniers. dans le cas où les garanties eussent été données par eux ;

Mais attendu qu'il a été formellement spécifié au bail (clause sixième) que les sûretés hypothécaires exigées des preneurs ou de leur caution jusqu'à concurrence de deux années de loyer, et la subrogation, jusqu'à même concurrence dans l'hypothèque légale de la femme ont été stipulées, « pour garantir d'autant plus l'exécution du bail »; qu'à la vérité ce supplément de garantie a été obtenu au moyen de l'intervention de Linard; mais que la clause de l'article 6 du bail, portant « que la femme de l'adjudicataire s'obligera solidairement avec lui à la pleine et entière exécution » n'en subsiste pas moins, non-seulement pour deux années, mais pour toute la durée du bail; qu'ainsi l'interdiction de s'obliger acceptée par la femme jusqu'à la dissolution de son union encore récente, est en contradiction avec les obligations solidairement contractées par les deux époux pour les dix-huit années de l'exploitation à eux consentie de la ferme ;

Attendu que de ce qui précède il résulte que les stipulations portées au contrat de mariage des époux Denis, valables comme n'étant contraires ni aux bonnes mœurs, ni à l'ordre public, s'opposent à l'exécution des conditions du bail stipulé entre lesdits époux et les hospices de Reims ;

Attendu qu'aux termes du paragraphe 8me desdites conventions, toutes les charges, clauses et conditions y inscrites sont de rigueur, et qu'il y est spécifié que « sans l'assurance de leur pleine et entière exécution », *le bail n'aura pas lieu;*

Par ces motifs :

Déclare les hospices de Reims bien fondés dans leur demande ;

Dit que l'adjudication du droit au bail de la ferme dite La Cense-Lacour « prononcée au profit des époux Denis », suivant procès-verbal de Gillet, notaire à Gomont, en date du 21 novembre 1875, est résolue ; fait en conséquence défense au preneur de se mettre en possession, etc...

8. — Ce jugement n'ajoute aucun motif nouveau aux arguments déjà présentés par la cour d'appel de Paris. Il est donc, par avance, réfuté dans les observations qui précèdent ; il repose, du reste, sur une véritable pétition de principes, en affirmant (ce qu'il s'agirait précisément de démontrer), que l'interdiction absolue de s'obliger, stipulée par une femme mariée, n'a rien de contraire à l'ordre public.

Nous ne pouvons, dès lors, que persister, plus énergiquement encore s'il est possible, dans nos précédentes conclusions : nous souhaitons que la cour de Cassation soit bientôt appelée à dire le dernier mot sur cette grave controverse qui met en jeu tant d'intérêts considérables. M. Valette, dans le journal *le Droit* du mercredi 27 mars 1878, dit fort judicieusement : « La nullité de l'obligation d'une femme mariée majeure, autorisée de son mari, nullité que l'on tirerait des conventions matrimoniales de cette femme, est une monstruosité inconnue jusqu'à ce jour et que, à coup sûr, la cour de Cassation ne laissera pas se glisser dans la jurisprudence. Elle saura maintenir intact le principe que nul ne peut, par une clause de contrat, se placer dans un état d'incapacité personnelle absolue de faire certains actes, ce qui est tout autre chose que l'incapacité uniquement corrélative aux biens dotaux déclarés inaliénables. » Comparez chambre civile, rejet, 31 juillet 1809 (Thiercelin contre Michaux.) Là est, en effet, le nœud de la difficulté : il faut faire justice de cette confusion établie à tort entre l'*incapacité* personnelle et l'*indisponibilité* réelle. Jamais la loi du 10 juillet 1850 n'a pu avoir pour effet de rendre valables dans l'avenir des clauses réprouvées par le code civil et contraires aussi manifestement à l'ordre public.

FIN.

Fontainebleau. — M. E. Bourges imp. breveté.

AUTRES OUVRAGES DU MÊME AUTEUR.

Des caractères distinctifs des associations commerciales en participation (1855). DURAND. Une brochure in-8°.— *Épuisée.*

Considérations générales sur l'acquisition ou la libération par l'effet du temps (1869). THORIN. 1 vol. grand in-8°. 3 »

De l'interdiction considérée comme cause de séparation de biens judiciaire (1870). COTILLON. Une brochure in-8°. 1 50

Étude sur le paiement avec subrogation ; ses caractères distinctifs (1871). THORIN. Une brochure in-8°. 1 »

Programme sommaire du cours de Code civil (*Deuxième examen), avec une Étude sur le partage d'ascendants* (1871). THORIN. 1 vol. in-8°. 8 »

Etude sur la jonction des possessions *(art. 2235 du Code civil)* (1871). MARESCQ aîné. Une brochure in-8° 2 50

De la revendication des titres au porteur en matière de faillite (1871). MARESCQ aîné. Une brochure in-8°. 1 »

De la publicité des contrats pécunaires de mariage, d'après la loi du 10 juillet 1850. MARESCQ aîné. Une brochure in-8° 2 »

La loi du 12 août 1870 et le cours forcé des billets de la Banque de France (1872). MARESCQ aîné. Une brochure in-8°. » 50

Sommaire du cours de Code civil (*Premier examen*). MARESCQ aîné. Une brochure in-8° — Seconde édition (1876). 2 50

Notion du droit et de l'Obligation (quatre premières leçons d'un cours triennal de Code civil). 1878 (troisième édition sous presse). 2 50

De la légitimation des enfants incestueux (simple note extraite du *Recueil spécial de Jurisprudence de la Cour de Douai*, t. XXXI, p. 109 (1873). THORIN. Une brochure in-8° » 50

De la délégation des fonctions de l'instruction aux juges suppléants (1873). THORIN. Une brochure in-8°. » 50

Comparaison des articles 434, 443 et 379, § 1er, du Code pénal (Compte rendu d'une réforme proposée par M. DE CAUDAVEINE, président de chambre à la Cour d'appel de Douai (1874). MARESCQ aîné. Une brochure in-8°. » 50

Essai sur la vente de la chose d'autrui (1874). MARESCQ aîné. 1 vol. in-8° 3 50

De la possession précaire (1874). MARESCQ aîné. Une brochure in-8°. 1 50

Traité de la possession des meubles et des titres au porteur. MARESCQ aîné. 1 fort vol. in-8°. — Seconde édition (1875). 12 »

Des clauses de remploi et de la société d'acquêts sous le régime dotal (Étude suivie du programme de six cours sur la communauté réduite aux acquêts (1875). MARESCQ aîné. Une brochure in-8°. 2 50

Du paiement du prix par l'acheteur en matière de vente (1875). MARESCQ aîné. Une brochure in-8°. 1 50

Introduction historique à l'étude du Code civil (1876). MARESCQ aîné. Une brochure in-8°. 1 50

De la promulgation et de l'application des lois et des décrets (art. 1 du Code civil combiné avec les récentes lois constitutionnelles) (1876). MARESCQ aîné. Une brochure in-8°. 1 »

De la naturalisation, en pays étranger, des femmes séparées de corps en France, et de l'incompétence des tribunaux en cette matière (1876). MARESCQ aîné. Une brochure in-8°. 2 »

Questions pratiques de naturalisation : — Situation juridique de la jeune princesse Nadèje Bibesco (1876). MARESCQ aîné. Une brochure in-8°. 1 »

De la propriété littéraire et artistique (1877). DURAND et PEDONE-LAURIEL. Une brochure in-8°. 1 »

De la naturalisation et des effets généraux des lois (conférences de droit international privé). MARESCQ aîné. (Sous presse).

Traité des assurances sur la vie, par M. Paul HERBAULT ; revu et publié après le décès de l'auteur, par M. Daniel DE FOLLEVILLE (1877). MARESCQ aîné. 1 vol. in-8°. 9 »

De l'effet déclaratif du partage (explication de l'art. 883 du Code civil) (1877). THORIN, éditeur. Une brochure in-8°. 1 50

Fontainebleau. — M. E. Bourges imp. breveté.

www.ingramcontent.com/pod-product-compliance
Lightning Source LLC
LaVergne TN
LVHW020505230826
846091LV00008BA/3345